나라의 운명마저 바꾼
역사 속 말 이야기

나라의 운명마저 바꾼
역사 속 말 이야기

설훈 글 | 홍기한 그림

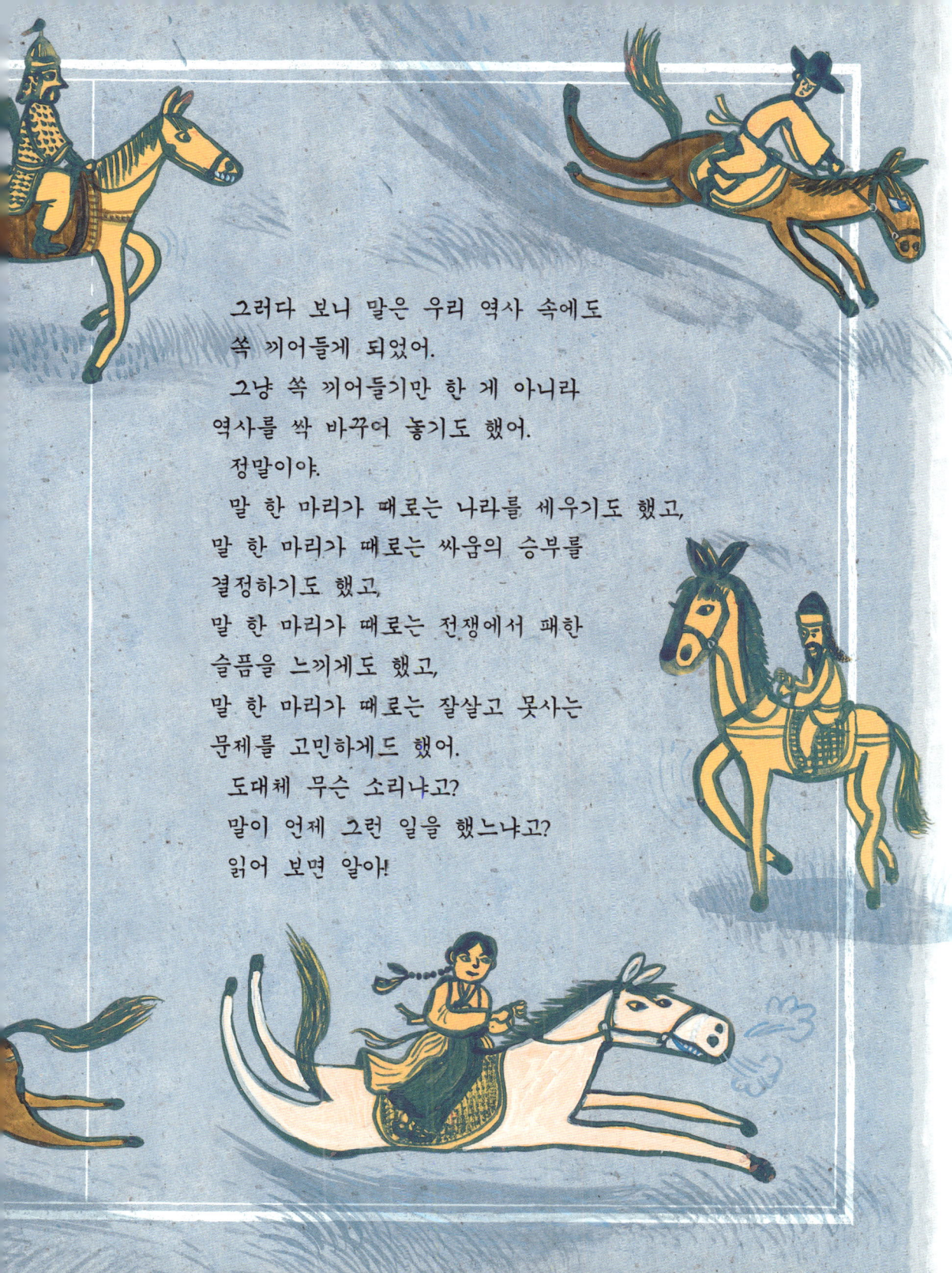

그러다 보니 말은 우리 역사 속에도
쏙 끼어들게 되었어.
그냥 쏙 끼어들기만 한 게 아니라
역사를 싹 바꾸어 놓기도 했어.
정말이야.
말 한 마리가 때로는 나라를 세우기도 했고,
말 한 마리가 때로는 싸움의 승부를
결정하기도 했고,
말 한 마리가 때로는 전쟁에서 패한
슬픔을 느끼게도 했고,
말 한 마리가 때로는 잘살고 못사는
문제를 고민하게도 했어.
도대체 무슨 소리냐고?
말이 언제 그런 일을 했느냐고?
읽어 보면 알아!

차례

들어가는 글 말 타고 전진! 4

첫 번째 이야기
나라를 구한 말 한 마리   8

이야기 속 역사 읽기
김유신은 왜 전쟁 중에 흰말로 제사를 지냈을까?

두 번째 이야기
말 때문에 조선이 세워졌다고?   30

이야기 속 역사 읽기
정몽주는 왜 이성계를 따르지 않았을까?

세 번째 이야기
세자빈 강씨, 말을 타다　50
이야기 속 역사 읽기
세자빈 강씨는 왜 가마에서 내려야 했을까?

네 번째 이야기
말 보고 감탄한 괴짜 선비 이야기　70
이야기 속 역사 읽기
왜 중국의 말은 크고 조선의 말은 작았을까?

역사 이야기를 좋아하는 아이들만 보는 **역사 퀴즈**　88

아직도 **역사 공부**가 더 하고 싶다면　89

역사 용어 풀이　90

첫 번째 이야기

나라를 구한 말 한 마리

신라

신라 장군 김유신과 말이 함께 나오는 이야기를 알고 있니?
꼬마 역사왕 친구들은 이렇게 생각할지도 모르겠어.
'아하! 김유신 장군이 말의 목을 베고 집으로 돌아간
이야기를 하려나 보다!'
훌륭한 추측이야.
하지만 내가 하려는 이야기는 그 이야기가 아니란다.
그래도 혹시 '김유신 장군이 말의 목을 베고 집으로 돌아간
이야기'를 모르는 친구들도 있을 수 있으니,
우선 그 이야기부터 잠깐 하고 넘어가 볼까?

김유신 (595~673년)
신라의 장군.
가야 수로왕의 12대 후손

선덕 여왕 (?~647년)
신라의 제28대 왕

비담 (?~647년)
신라의 귀족

김유신이 젊었을 때 일이야. 그 당시 김유신은 화랑이었어. 그런데 무술 연습은 게을리하고 술 먹고 노는 일에만 열중했대. 그러느라 매일같이 늦게 들어왔지.

어느 날, 김유신의 어머니는 김유신을 붙잡아 놓고 따끔하게 말했어.

"너는 나라를 위해 중요한 일을 해야 할 사람이다. 그러니까 시간을 헛되게 써서는 안 된다. 알겠니?"

"네, 알겠습니다."

화랑 신라의 젊은이들 중 가문이 좋은 사람들은 함께 모여 놀거나 몸을 단련했지요. 그 사람들을 화랑이라고 했어요.

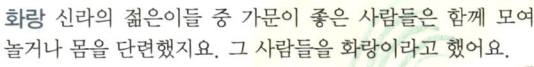

그런데 며칠 뒤 김유신은 또다시 친구들과 술을 먹었어. 다행히 중간에 어머니의 말이 생각나 자리에서 일어나긴 했지. 하지만 너무 피곤해서 그랬는지 말을 타고 오다 그만 잠이 들고 말았어.

말 등에 앉아 꾸벅꾸벅 졸던 김유신은 말이 멈춘 걸 느끼고 눈을 떴지. 그런데 조금 이상했어.

말이 멈춘 곳은 김유신의 집이 아니라 늘 다니던 술집 앞이었던 거야.

김유신은 말에서 내려 칼을 뽑았어. 그 칼로 말의 목을 베고는 걸어서 집으로 돌아왔지.

그 뒤로 김유신은 다시는 술 먹고 노는 일에 시간을 허비하지 않았단다.

이제 '김유신이 말의 목을 베고 집에 돌아간 이야기'를 모두 다 잘 알게 되었지? 그럼 원래 내가 하려던 이야기를 할 차례가 되었네.

말에 관련된 두 번째 이야기는 김유신이 꽤 나이가 들었을 때의 일이야. 이때 신라의 임금님은 선덕 여왕이었어. 너희도 잘 알고 있겠지만 선덕 여왕은 우리나라 역사상 최초의 여성 임금님이야.
신라 사람들 대부분은 선덕 여왕을 잘 따랐어. 하지만 그렇지 않은 이들도 있었지.

비담이라는 귀족은 "여자가 임금님이라니 말도 안 돼."라고 계속 툴툴거리다가 마침내 반란을 일으켰단다. 비담을 따르는 이들은 꽤 많았어. 그들은 자신의 병사들을 비담에게 보내어 힘을 보탰지. 기세가 등등해진 비담은 병사들을 이끌고 궁궐을 둘러쌌어.

궁궐을 지키는 이는 바로 김유신 장군

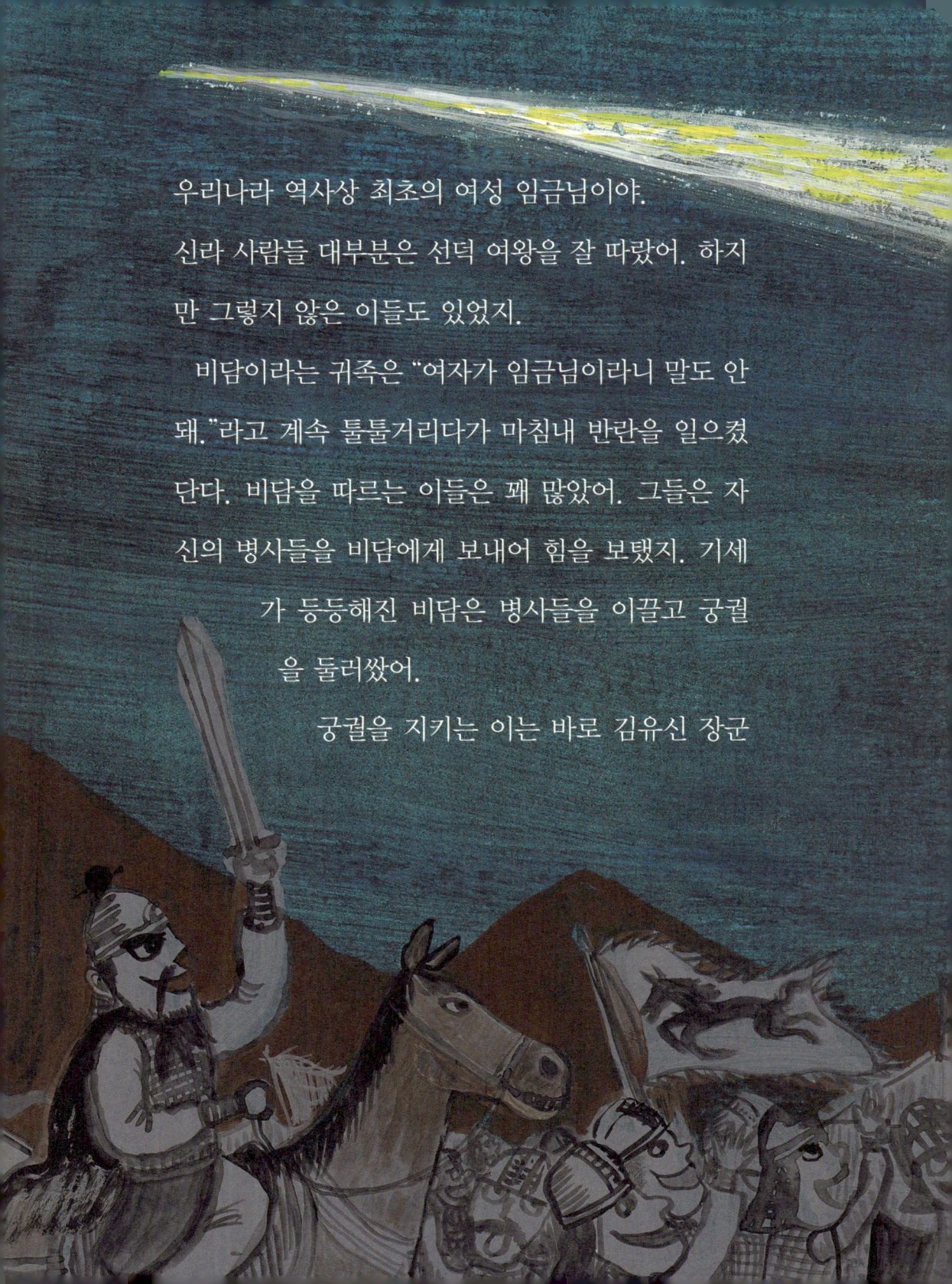

이었어. 비담이 이끄는 반란군과 김유신이 이끄는 정부군은 여러 차례 전투를 했지만, 어느 한쪽이 쉽게 이기지는 못했지. 그러던 어느 날, 하늘에서 큰 별이 하나 떨어졌어.

그 광경을 본 비담이 병사들에게 이렇게 말했어.

"저 별은 선덕 여왕이다. 여왕이 하늘에서 떨어졌으니, 승리는 우리 것이다!"

비담의 병사들은 와와, 큰 소리를 질렀어. 얼마나 크게 소리를 질렀는지, 그 소리가 궁궐 안에 있는 선덕 여왕에게도 들릴 정도였지.

함성을 들은 선덕 여왕은 혼잣말을 했어.

"하늘에서 별이 떨어지다니!"

이제까지 그런 일은 들어 본 적도 없었어. 선덕 여왕은 어쩔 줄을 몰랐어. 아무래도 비담의 말이 맞는 것 같았기 때문이지. 모든 게 다 자기 때문인 것 같았지.

선덕 여왕은 몸을 덜덜 떨며 한숨까지 내쉬었지. 불안함을 참지 못한 선덕 여왕은 김유신을 불렀어.

"장군, 하늘에서 큰 별이 떨어졌다는 이야기를 들었소. 좋은 징조는 아니겠지요?"

김유신은 뭐라고 대답했을까? 그는 딱 잘라 이렇게 대답했어.

"좋은 징조니, 나쁜 징조니 하는 것은 없습니다. 모든 일은 다 사람이 하기에 달려 있습니다."

"정말 그렇습니까?"

"네, 그렇습니다. 별은 그저

별일뿐입니다. 신경 쓰실 것 하나도 없습니다."

김유신의 단호한 말에 선덕 여왕의 얼굴이 비로소 밝아졌어.

김유신은 여왕 앞에서 자신감 있게 말했지만, 사실 지금 사태가 심각하다는 것을 알고 있었어. 하늘에서 별이 떨어진 것 때문에 비담의 병사들은 사기가 하늘을 찌를 듯했어. 한편, 정부군은 불길한 징조라며 술렁이고 있었지. 그런 상태로 비담의 반란군과 싸웠다가는 그대로 질 게 불을 보듯 뻔했지.

잠시 궁리하던 김유신은 부하를 불렀어.

"연과 허수아비를 준비해라."

"예."

부하는 김유신이 연과 허수아비를 갖고 무엇을 하

려나 궁금했어. 하지만 아무 말 하지 않고 김유신이 시키는 대로 했지. 부하가 연과 허수아비를 갖고 오자, 김유신은 이렇게 말했어.

"연에다 허수아비를 매달아라."

부하는 또 김유신이 시키는 대로 했지. 그러자 김유신이 또 이렇게 말했어.

"허수아비에다 불을 붙인 뒤 연을 날려라."

부하는 이번에도 시키는 대로 했어.

잠시 뒤, 연이 하늘 높이 훨훨 날아올랐어. 불붙은 허수아비를 매단 연은 별처럼 밝게 빛이 났어. 그 모습이 마치 땅에서 별이 떠오르는 듯했지.

멀리서 그 광경을 보고 있던 병사들이 외쳤어.

"떨어졌던 별이 다시 하늘에 나타났다!"

병사들은 놀랍기도 하고 신기하기도 해서 웅성웅성 떠들었어. 김유신은 그 모습을 보며 빙긋 웃었지. 그러고는 부하에게 또 다른 명령을 내렸어.

"흰말을 잡아라. 제사를 지내겠다."

부하들이 말을 잡아 김유신 앞에 놓았어. 김유신은 흰말을 앞에 두고 하늘에 제사를 올리면서 이렇게 빌었어.

"비담이 반란을 일으켰습니다. 하늘은 착한 것을 좋아하고 나쁜 것을 미워하는 법입니다. 이제 그 말이 옳다는 걸 우리에게 보여 주십시오!"

엄숙하게 제사를 마친 뒤, 김유신은 병사들에게 이렇게 말했어.

"이제 하늘도 우리 편이다!"

"하늘도 우리 편이다!"

병사들은 김유신의 말을 따라 같이 소리 질렀어. 그 소리가 어찌나 크던지 궁궐 밖 비담의 가슴이 철렁 내려앉을 정도였지.

비담이 그랬으니 비담의 병사들은 어땠겠어? 안 그래도 떨어졌던 별이 다시 하늘에 나타난 걸 보고 깜짝 놀랐는데, 사기가 오를 대로 오른 정부군의 소리를 들으니 겁이 덜컥 났지. 비담의 병사들은 아예 싸울 마음을 잃었어.

김유신의 병사들은 이때를 놓치지 않았어. 정부군은 반란군과 맞붙었어. 지금껏 팽팽하던 전투는 드디어 한쪽으로 기울어졌지. 이긴 건 물론 김유신의 병사들이었단다.

자, 이게 바로 내가 말하려던 김유신과 말 이야기란다. 설마 너희들이 이 이야기도 알고 있었던 건 아니겠지?

> **이야기 속 역사 읽기**

김유신은 왜 전쟁 중에 흰말로 제사를 지냈을까?

> 비담은 "여왕이 정치를 잘하지 못한다."라는 이유를 들어 군사를 일으켰다. (……) 한밤중에 큰 별이 떨어지자 비담이 병사들에게 말했다.
> "별이 떨어지면 누군가 반드시 죽게 되어 있다. 이는 여왕이 패할 징조이다."
> 비담 병사들의 소리가 땅을 흔들었다. 여왕이 벌벌 떨며 어쩔 줄 몰랐다.
>
> 『삼국사기』 중에서

자, 말에 관련된 첫 이야기가 반란에 대한 이야기라 좀 놀랐을지도 모르겠구나. 좀 복잡하기도 하고 말이야. 이 이야기를 잘 이해하려면 그 당시 신라의 상황이 어땠는지부터 알아야 해.

선덕 여왕이 신라 최초의 여성 임금님이었다는 사실 정도는 잘 알고 있겠지? 신라는 굉장히 신분 질서가 엄격한 나라였어. 왕족과 왕족이 결혼해 낳은 아이는 '성골'이라고 했고, 왕족과 귀족이 결혼해 낳은 아이는 '진골'이라고 했어. 귀족과 귀족이 결혼해 낳은 아이는 계급에 따라 '육두품'부터 '일두품'까지 있었지. 여기까지가 귀족이고 그 아래는 평민이야. 이런 신분 제도를 골품제라고 하지.

왕은 성골에서만 뽑았어. 그런데 선덕 여왕의 아버지인 진지왕은 아들이 없었고, 다른 성골 출신의 남자도 더 이상 없었지. 성골 출신의 여자만 남아 있었는데, 그게 바로 진지왕의 딸인 덕만 공주와 천명 공주, 선화 공주였어. 이 중 덕만 공주가 화백 회의를 통해 신라 최초로 여왕의 자리에 올랐지.

여성이 여왕이 된 것은 덕만 공주가 똑똑하고 능력도 있었기 때문이지만, 한편으로는 신라가 그만큼 신분 질서에 엄격했기 때문이란다.

골품제 신라의 신분 제도를 말해요.
화백 회의 진골 이상의 귀족들이 참여해 국가의 중요한 일을 의논한 회의를 말해요.

귀족들은 왜 선덕 여왕을 미워했을까?

선덕 여왕은 김춘추와 김유신을 믿고 여러 가지 일들을 맡겼어. 그런데 김춘추는 바로 선덕 여왕의 여동생인 천명 공주가 결혼해서 낳은 아들이야. 김유신은 금관가야를 세운 김수로 왕의 후손이었고. 그러니까 왕족과 가야 출신의 장군을 곁에 두었던 거야.

그러다 보니 신라의 귀족들은 나랏일에 끼어들기가 힘들었어. 귀족들의 불만이 점점 커진 것은 당연한 일이겠지? 비담은 바로 그러한 귀족 가운데 한 사람이었던 거야.

비담은 그냥 귀족이 아니었어. 신라 최고의 관직인 상대등까지 지낸 이였거든. 그를 따르던 귀족들도 꽤 많았나 봐. 그래서 비담이 반란을 일으켰을 때 힘을 보탠 이도 많았고, 그의 세력을 두려워해서 『삼국사기』에 '선덕 여왕이 벌벌 떨며 어쩔 줄을 몰랐다.'라는 기록까지 남아 있으니 말이야.

김유신은 꾀를 써서 여왕을 위기에서 구했어

　이때 이 어려운 상황을 슬기롭게 해결한 이가 바로 김유신이야. 별이 떨어지자 연과 허수아비를 이용해 상황을 바꾸는가 하면, 백마를 죽여 제사를 지내며 자신의 마음이 굳건하고, '하늘의 뜻' 또한 자기들 편에 있다는 것을 널리 알리지. 사람들은 참 이상해서 이런 일들에 크게 감동을 받아. 그러니까 전쟁이란 것이 꼭 힘이 센 쪽이 이기는 건 아니라는 말씀!

　그런데『삼국사기』를 읽다 보면 조금 고개를 갸우뚱하게 하는 부분들도 있어. 선덕 여왕은 벌벌 떨고 있는데 김유신은 늠름하게만 그려지지.

　정말 선덕 여왕은 벌벌 떨었고, 김유신은 하나도 겁을 먹지 않았을까? 그건 혹시『삼국사기』를 쓴 김부식의 생각은 아니었을까? 너희들은 어떻게 생각하니?

> **생각하는 역사왕**
> - 하늘에서 별이 떨어지는 걸 왜 좋지 않게 생각했을까?
> - 왜 하필 백마를 죽여서 제사를 지냈을까?

두 번째 이야기

말
때문에 조선이
세워졌다고?

조선

조선의 첫 번째 임금님은 누굴까?
그래, 몇몇 친구들은 알고 있구나. 이성계라는 사람이야.
그런데 말 한 마리 때문에 조선이 세워졌다는 사실도
알고 있니?
에이, 그게 무슨 소리냐고?
사람도 아닌 말이 무슨 힘이 있어 조선을 세웠냐고?
그런데 정말 그랬다니까.
말 한 마리 때문에 조선이 세워졌다니까.
궁금하면 이제부터 하는 이야기를 잘 들어 봐.

이성계 (1335~1408년)
고려의 장군이었으나
조선을 건국해
태조 임금님이 된다.

정몽주 (1337~1392년)
고려를 대표하는
학자이자 정치가

이방원 (1367~1422년)
이성계의 다섯째 아들.
훗날, 조선의 세 번째 왕인
태종 임금님이 된다.

원래 이성계는 고려의 장군이었지. 하지만 그 당시 고려는 여러 가지로 문제가 많은 나라였어. 몇몇 뜻있는 사람들이 나서서 좋은 나라로 만들고자 했지만, 고쳐도 고쳐도 문제가 끊이지 않았지.

그러자 사람들의 생각이 두 가지로 갈렸어.

"고려는 더 이상 희망이 없소. 아예 새로운 나라를 세워서, 처음부터 다시 시작합시다."

"그래도 어찌 나라를 뒤집겠소? 힘들어도 문제를 하나하나 고쳐 나갑시다."

이때, 새로운 나라를 세우자고 주장한 쪽은 이성계를 중심으로 모였고, 하나하나 고쳐 나가자고 주장한 쪽은 정몽주를 중심으로 모였어. 두 가지 생각이 비슷하면 좋겠는데, 너희들이 보기에도 전혀 비슷하지 않지? 그러다 보니 이성계를 미는 쪽과 정몽주를 미는 쪽의 사이가 조금씩 벌어졌어.

사실 이성계와 정몽주는 매우 친한 사이였어. 이성계는 여러 번 고려를 위기에서 구한 장군이었고, 정몽주도 뛰어난 학식으로 이름을 날리던 관리였지.

두 사람 다 나라를 걱정하는 마음은 같았어. 하지만 이렇게 뜻이 다르고 따르는 사람이 다르다 보니 점점 사이가 덜어졌지. 두 사람을 따르는 무리 사이에는 금방 큰 싸움이라도 벌어질 것 같은 험악한 분

위기가 가득했지. 하지만 양쪽의 힘이 팽팽해서 어느 한쪽이 먼저 나서지는 못했어.

그러던 어느 날, 큰일이 벌어졌어. 이성계가 말에서 떨어져 크게 다친 거야. 이 소식을 들은 정몽주는 이때다 싶어 공양왕을 찾아가 이렇게 말했어.

"이성계는 고려를 배반하고 새로운 나라를 세우려 합니다. 지금 말을 들으니 이성계가 크게 다쳤다고 합니다. 이성계가 힘을 못 쓰는 지금, 이성계를 따르는 못된 이들을 처벌해야 합니다."

공양왕은 고개를 끄덕였어. 그리고 이렇게 말했어.

"경이 원하는 대로 하시오."

공양왕의 허락을 받은 정몽주는 정도전과 조준 같은 사람들을 멀리 귀양 보냈어. 이들은 이성계와 가

공양왕 고려의 마지막 왕이에요.

장 가깝고 힘이 되는 사람들이었어. 그런 이들을 귀양 보냈으니, 이성계의 세력을 꺾고자 하는 정몽주의 뜻이 세상에 보란 듯이 드러났지.

  이 소식을 듣고 가장 화를 낸 사람이 누구였는지 아니? 이성계였을까? 아니야. 이성계의 아들인 이방원이었어. 영리한 이방원은 정몽주가 이성계의 세력을 꺾으려 한다는 걸 눈치챈 거야. 이대로 가다가는 이성계가 역적으로 몰릴 게 뻔했어.

  이방원은 이성계를 찾아가 목소

리를 높였어.

"정몽주가 으리 집안을 멸망시키려 합니다. 정몽주를 그냥 두어서는 안 됩니다."

이방원의 말뜻은 정몽주에게 당하기 전에 먼저 정몽주를 죽이자는 거였어.

하지만 이성계는 고개를 가로저었어.

"정몽주와 나는 오랫동안 가까이 지냈다. 결코 죽여서는 안 된다."

"하지만……."

"정몽주는 내가 미워서 그러는 게 아니다. 고려를 위해 그럴 뿐이다."

"그래도……."

"안 된다니까!"

이성계가 이렇게 강하게 거부를 하니 이방원은 그냥 물러날 수밖에 없었어. 하지만 이방원의 고민은 계속되었지.

아버지의 말을 어기는 것이 찜찜했지만, 아무것도 안 하고 그냥 있기도 찜찜했어. 그래서 정몽주를 한번 만나 이야기를 나누어 보기로 했어. 말이 통한다 싶으면 자기편으로 만들 속셈이었지.

드디어 이방원이 정몽주를 만났어. 이방원은 갑자기 노래를 불렀어.

"이런들 어떠한가요? 저런들 어떠한가요?"

사실 이 노래는 그냥 노래가 아니었어. 이래도 좋고, 저래도 좋다는 게 뭐겠어? 괜히 망해 가는 나라에 충성을 바치는 것보다는 자기편으로 오는 게 좋지 않겠냐고 슬쩍 권한 것이지.

정몽주는 잠깐 생각하더니 자기도 노래를 불렀어.

"백 번을 죽어도 우리 님을 향한 생각은 바꾸지 않으리."

노래 속 '우리 님'은 고려의 임금님을 말해. 그러니까 이 노래의 뜻은 고려를 향한 마음을 절대로 바꾸지 않겠다는 말이었지.

이방원과 정몽주는 웃으며 헤어졌어. 하지만 그날 이방원은 무서운 결심을 했지. 아버지의 뜻을 어기고 정몽주를 죽이기로 말이야.

얼마 뒤, 정몽주가 이성계를 찾아왔어. 정몽주는 이렇게 물었지.

"몸은 좀 어떠신가요?"

이성계는 이렇게 대답했지.

"다 나으려면 조금 더 걸릴 것 같습니다."

두 사람은 한참 동안 이야기를 나누었어. 워낙 사이가 좋던 이들이라 가끔씩 허허허, 웃기도 했지.

정몽주는 밤이 깊어서야 밖으로 나왔어. 선죽교라는 다리에서는 잠깐 멈춰서 휘영청 뜬 하늘의 달도 한 번 보았지. 그러다 다시 걸으려는데 갑자기 무슨 소리가 나는 게 아니겠어? 정몽주가 돌아보니 칼을 든 무사가 서 있었어.

선죽교 이 당시 다리의 이름은 사실 선지교였어요. 하지만 훗날 선죽교로 이름이 바뀌었고, 선죽교란 이름이 워낙 유명해서 선죽교로 썼어요.

정몽주는 이방원이 보낸 사람임을 곧바로 깨달았지. 무사는 고개 숙여 인사 한 번 하고는 정몽주를 죽였어.

무사는 그 길로 이방원에게 돌아와 귓속말을 했어. 이방원은 고개를 끄덕이곤, 곧 이성계의 방으로 들어가 이렇게 말했어.

"정몽주를 죽였습니다."

이성계는 이방원의 말에 깜짝 놀라 자리에서 벌떡 일어났어.

"그게 도대체 무슨 소리냐?"

이방원은 눈을 부릅뜨고 말했어.

"정몽주를 그냥 두었다가는 우리가 죽습니다."

이성계는 이방원을 노려보았지만 곧 천장을 보며

긴 한숨을 쉬었어.

"그래, 네 말도 일리가 있다. 정몽주와 이미 가는 길이 달라졌으니, 정몽주를 치지 않았다면 우리가 당했을 테지."

"그렇습니다."

"하지만 나라에 충성을 바친 사람을 함부로 죽이다니……. 애석하구나. 내가 말에서 떨어져 다치지만 않았어도 정몽주를 죽이는 것만은 막을 수 있었을 텐데."

하지만 후회해도 어쩔 수 없었어. 이미 정몽주는 죽었으니까.

정몽주가 사라지자 이성계를 막을 사람은 이제 아

무도 없었어. 이성계는 새로운 나라를 세우고 그 나라의 첫 번째 임금님이 되었어. 그 나라가 바로 조선이야.

이게 바로 말 한 마리 때문에 조선이 세워진 이야기란다. 어때, 내 말이 맞지?

> **이야기 속 역사 읽기**

정몽주는 왜 이성계를 따르지 않았을까?

> 정몽주가 태조의 집을 찾아가 낌새를 살피려 했으나 태조는 평소처럼 그를 대했다. 태종이 때를 놓칠 수 없다고 하며 정몽주가 돌아갈 때 너덧 명을 보내어 길에서 그를 죽이게 했다. 정몽주의 나이 쉰여섯이었다. 태종이 이 사실을 알리자 태조가 크게 화를 냈다.
>
> 국역 『고려사』 중에서

처음부터 정몽주와 이성계가 뜻이 달랐던 건 아니야. 오히려 두 사람은 서로 뜻이 잘 통하는 사이였어. 정몽주는 학자였고 이성계는 장군이었지만, 어지러운 고려를 염려하는 마음은 같았거든. 하지만 언젠가부터 두 사람의 사이가 조금씩 멀어졌어. 그 이유는 세상을 어떻게 바꿀 것인가에 대한 생각이 서로 달랐기 때문이야.

이성계는 고려 사회가 너무 혼란해져서 새 나라를 세우는 방법밖에 없다고 여겼어. 정몽주는 고려 사회가 아무리 마음에 들지 않아도 고려를 없애고 새 나라를 세울 수는 없다고 여겼어. 두 사람의 생각이 이렇게 달랐으니 충돌이 일어날 수밖에 없겠지?

말 한 마리가 나라의 운명을 바꿨어

두 사람의 대립이 점차 심해질 무렵, 좀 이상한 사건이 하나 일어났어. 이성계가 말을 타다 떨어져 큰 부상을 당한 거야. 이성계는 말을 참 잘 다루는 장군이었어. 이성계가 타는 말들은 조선에서 가장 훌륭한 말들이었고. 그런 이성계가 하필이면 말에서 떨어진 거야.

정몽주는 이 사건을 하늘이 준 기회로 여겼어. 이성계가 부상을 당해 누워 있는 틈을 타, 이성계와 뜻을 같이하는 사람들을 멀리 귀양을 보내 버렸어.

그런데 이 일에 대해 가장 큰 위기감을 느낀 건 이성계가 아니었어. 이성계의 아들 이방원이었지. 이방원은 정몽주가 자신들을 그냥 내버려 두지 않을 거라고 생각했어. 이방원과 정몽주가 주고받았던 노래만 보아도 그 사실을 잘 알 수 있지.

참고로 이방원이 부른 노래는 '어떠한가'가 들어간다 해서 「하여가」라고 불러. 정몽주가 부른 노래는 한결같은 마음을 표현했다고 해서 「단심가」라고 부르고.

결국 이방원은 부하들을 시켜 정몽주를 죽였지. 정몽주가 억울하게 죽임을 당한 선죽교에는 아직도 그의 핏자국이 남아 있다는 전설이 있단다.

아무튼 정몽주가 죽자 더 이상 고려를 위해 애쓰는 사람은 없게 되었지. 얼마 뒤 이성계는 조선을 세워 조선의 첫 번째 왕인 태조 임금님이 되었단다. 정몽주를 죽인 이방원은 조선의 세 번째 왕인 태종 임금님이 되었지.

이방원은 정몽주를 충신으로 기렸어

태종 임금님은 왕이 된 뒤 정몽주에게 '문충(文忠)'이라는 시호(죽은 사람한테 내리는 이름)를 내렸어. 나라를 위해 열심히 공부하고 충성을 바쳤던 충신이라는 뜻이란다.

그런데 조금 이상하지 않니? 이방원이 정몽주를 죽였는데, 나중에는 그를 충신으로 치켜세우다니 말이야.

사실 정몽주의 행동은 고려 임금님에게 충성을 다한 것이었어. 그런데 이방원이 임금님이 되고 나니, 왕을 위해 목숨까지 바친 정몽주의 모습이 너무나 충성스럽게 보이는 거야. 더 좋은 나라를 만들겠다고 말만 앞세우고는 슬쩍 배신하는 신하들보다 믿음직해 보였지. 그래서 정몽주는 조선이 세워지기 전엔 역적이었지만, 조선이 세워진 뒤에는 충신이 되었다는 말씀!

조금 알쏭달쏭한 이야기이지?

생각하는 역사왕

- 이방원은 왜 아버지의 허락도 받지 않고 정몽주를 죽였을까?
- 너희 생각엔 이방원이 옳은 것 같니, 정몽주가 옳은 것 같니?

세 번째 이야기

세자빈 강씨, 말을 타다

조선

조선 시대에는 말을 참 많이들 탔지.
하지만 여자들은 말을 잘 타지 않았어.
특히나 신분이 높은 여자들은 절대 말을 타지 않았지.
그럼 멀리 갈 때는 뭘 탔냐고?
가마를 탔지. 사람들이 드는 가마.
그런데 왕실 여성이면서도 말을 탄 분이 있어.
소현 세자의 부인, 세자빈 강씨가 바로 그분이야.

인조 (1595~1649년)
조선의 제16대 왕

소현 세자 (1612~1645년)
인조의 맏아들

세자빈 강씨 (1611~1646년)
소현 세자의 부인

봉림 대군 (1619~1659년)
인조의 둘째 아들.
나중에 조선의 제17대 왕인
효종이 된다.

　인조 임금님 시절의 일이야. 중국 청나라가 조선에 쳐들어왔어. 당시 청나라는 굉장히 강한 나라였어. 청나라 황제가 직접 12만 대군을 이끌고 한달음에 한양까지 당도했지.

　인조 임금님은 한양을 떠나 남한산성으로 들어가 계속 싸웠지만, 얼마 못 가 결국 항복하고 말았어.

　청나라는 인조 임금님의 항복을 받아들였어. 그런데 그냥 받아들인 것이 아니고 몇 가지 조건을 달았어. 그중 하나는 이랬어.

항복 이때 항복한 곳의 이름이 '삼전도'예요. 지금의 잠실 부근이지요.

"소현 세자와 봉림 대군을 인질로 데려가겠소."

소현 세자는 인조 임금님의 맏아들로 다음 대 왕위를 이을 세자였어. 봉림 대군은 소현 세자의 동생으로, 만일 소현 세자에게 무슨 일이 생긴다면 그 뒤를 이어 세자가 될 왕자였지.

신하들 중 많은 이들이 반대했어. 그냥 종친도 아니고 두 사람 모두 다음 대 왕위를 이을 귀한 왕족인데, 어떻게 적지에 보내느냐면서 반대했지. 하지만 청나라의 뜻이 워낙 강해서 들어주지 않을 수 없었어. 만일 들어주지 않으면 조선의 항복을 취소하고 다시 전쟁을 일으킬 것만 같았지.

게다가 소현 세자는 이렇게까지 말했어.

"걱정 마십시오. 나라를 위해서 소자가 따라가겠

종친 왕의 가까운 친척을 말해요.

습니다."

 결국 소현 세자와 봉림 대군이 청나라에 인질로 가게 되었어. 소현 세자의 부인인 세자빈 강씨도 따라가게 되었고.

 마침내 소현 세자 일행이 청나라로 떠나야 하는 날이 오고 말았어. 인조 임금님은 경기도 고양까지 소현 세자 일행을 배웅하러 따라갔어. 헤어져야 할 시간이 되자, 소현 세자 일행이 인조 임금님에게 절을 했어.

 인조 임금님은 하늘을 한 번 보고는 눈물을 흘렸어. 소맷부리로 눈물을 닦고는 소현 세자에게 이렇게 당부했어.

 "청나라에 가서도 세자의 역할을 잊어서는 안 된

다. 화도 내지 말고, 다른 사람들에게 가볍게 보일 만한 행동도 하지 마라. 알겠느냐?"

소현 세자가 조용히 대답했어.

"소자 명심하겠사옵니다."

그 광경을 보던 신하들이 울었어. 처음엔 훌쩍이다가 나중에는 큰 소리로 울었어.

소현 세자가 눈물을 흘리는 신하들을 보며 이렇게 말했어.

"경들은 앞으로 임금님을 모시고 큰일을 하셔야 할 분들입니다. 그런 분들이 이렇게 울어서야 되겠소? 잘 다녀올 테니 너무 염려하지 마시오."

신하들은 고개를 푹 숙였어. 하지만 울음을 완전히 그친 것은 아니었어. 그저 속으로 울음을 삼킬 뿐이었지.

소현 세자가 말을 타고 먼저 출발했어. 봉림 대군도 뒤를 따랐어. 세자빈 강씨가 탄 가마도 그 뒤를 따랐지.

소현 세자 일행의 목적지는 심양이었어. 지금이야 심양까지 비행기로 몇 시간이면 충분히 갈 수 있지만 그때는 달랐어. 말과 가마로 산을 넘고 물을 건너 굽이굽이 먼 길을 가야 했으니 시간이 무척 많이 걸렸지.

소현 세자 일행이 압록강을 건넌 건 사월 이일이었어. 그런데 심양 성문 밖에 도착한 건 사월 십삼 일이었지. 그러니까 압록강을 건너고도 무려 열하루나 걸린 셈이야.

심양 당시 청나라의 수도였어요.

청나라 장수가 사람들을 이끌고 마중을 나왔어. 장수들은 강가에 천막을 치더니 잔치를 열었어. 먼 길을 오느라 고생한 소현 세자 일행을 환영하는 뜻에서 연 잔치였지.

하지만 잔치를 벌인다고 해서 소현 세자와 봉림 대군의 마음이 편할 리는 없었지. 음식도 입에 맞지 않았고, 적지 한가운데의 분위

기도 살벌했어. 소현 세자는 눈앞에 보이는 성문을 보며 낮은 한숨을 쉬었지.

오후가 되어 드디어 잔치가 끝났어. 청나라 장수가 통역에게 뭐라고 말했어. 통역이 소현 세자에게 청나라 말을 조선말로 바꿔 전했어.

"이제 성으로 들어갈 시간이 되었답니다."

소현 세자와 봉림 대군은 곧 자리에서 일어나 말에 올라탔어. 세자빈 강씨도 가마에 타려

는데, 그 순간 갑자기 청나라 장수의 목소리가 높아졌어.

통역이 다시 장수의 말을 전했어.

"가마에 타시면 안 된답니다."

"뭐라고?"

"그 누구도 가마를 타고 성에 들어갈 수 없답니다."

소현 세자는 조금 생각한 뒤 이렇게 말했어.

"조선의 법도에 여자가 말을 타는 법은 없느니라. 더군다나 우리는 왕족이다. 왕족이 어찌 앞장서서 법을 어길 수 있겠는가?"

통역이 그 말을 청나라 장수들에게 전했어. 청나라 장수의 답변은 무엇이었을까? 통역이 장수의 말을 바꿔 전달해 줄 필요도 없었어. 고개를 젓고 목

청을 높이는 게 잘 보이고 잘 들렸거든.

조금 있다 다시 온 통역의 말은 이랬어.

"자기네들에게도 법이 있답니다. 괜한 억지 부리지 말랍니다."

소현 세자는 하늘을 한 번 보았어. 그러고는 가마로 가 세자빈 강씨에게 말했어.

"아무래도 말을 타야 할 것 같소."

강씨는 곧바로 대답했어.

"알겠습니다. 말을 타겠습니다."

강씨가 말에 올라타자 청나라 장수가 흡족한 웃음을 지었어. 소현 세자 일행은 청나라 장수의 뒤를 따라 성으로 들어갔어.

소현 세자는 아마 속으로 이렇게 생각했을 거야.

'항복한 나라의 설움이 이토록 크구나.'

 이것이 바로 소현 세자의 부인인 세자빈 강씨가 남의 나라가 부리는 강요에 못 이겨 말을 탄 이야기란다. 씁쓸하고 슬픈 이야기이지.

이야기 속 역사 읽기

세자빈 강씨는 왜 가마에서 내려야 했을까?

> 청나라 장수들이 요청했습니다.
>
> "황제가 계신 곳에서는 청나라 왕의 부인들도 가마를 타지 못합니다. 세자의 부인께서도 말을 타도록 하십시오."
>
> 신하들이 사정했으나 청나라 장수들은 들어주지 않았습니다.
>
> "나라가 정해 놓은 법에 따르는 건데 왜 억지를 부립니까?"
>
> 어쩔 수 없어서 신하들이 말에 모시고 성으로 들어갔습니다.
>
> 『심양장계』 중에서

장계 장계는 왕명을 받고 지방에 나가 있는 신하가 자기가 관리하는 곳에서 생긴 중요한 일들을 왕에게 보고하던 일, 또는 그런 문서를 말해요.

너희들 혹시 '병자호란'이라고 들어봤니? 1636년에 청나라가 조선에 쳐들어왔는데, 이 해가 병자년이었어. 조, 조선에서는 청나라를 세운 만주족을 비하하는 뜻에서 '호로'라고 불렀어. 병자년에 호로가 일으킨 난리이기 때문에 병자호란이야.

사실 청나라가 쳐들어온 건 처음이 아니었어. 1627년에도 쳐들어왔는데 그 전쟁은 정묘년에 일어났다고 해서 '정묘호란'이라고 불러. 그런데 왜 또 쳐들어왔느냐고? 청나라는 정묘호란 때 그냥 물러나면서 몇 가지 조건을 걸었어. 하지만 조선이 그 조건을 지키지 않자, 다시 쳐들어온 거야.

인조는 한양을 버리고 남한산성으로 들어가 싸웠지만, 결국 항복했지. 그 항복의 조건 중 하나가 세자 일행을 중국으로 보내는 것이었다는 건, 앞에서도 이야기했지?

청나라에서 새로운 세상에 눈떴어

소현 세자와 세자빈 강씨는 무려 팔 년이나 청나라에 머물렀어. 남의 나라에서 사는 게 쉽지는 않았겠지. 일개 청나라 장수가 세자의 부인을 말에 타게 한 사실만 봐도 알 수 있을 거야. 하지만 청나라 생활이 마냥 힘들지만은 않았단다. 소현 세자와 세자빈 강씨는 청나라가 무척 강해서 앞으로 몇백 년은 끄떡없을 거라는 사실을 깨달았지.

소현 세자는 청나라 황실 사람들과 가깝게 지냈어. 청나라에 와 있던 서양 선교사들도 여럿 만났고, 그들이 가져온 신기한 문물을 보았지. 이런 걸 적극적으로 받아들였기에 청나라가 중국 한족을 지배하고 조선을 이길 정도로 발전했구나 생각했을 거야. 그래서 팔 년 만에 조선에 돌아온 소현 세자의 마음에는 청나라를 닮고 싶은 생각이 가득했지.

인조 임금님의 생각은 달랐어

하지만 인조 임금님은 병자호란 때 항복하면서 청나라 황제한테 세 번 절하고 아홉 번 고개를 조아려야 했어. 그것은 왕에게 너무나 큰 굴욕이었지. 인조 임금님의 머릿속에는 청나라에 대한 복수밖에 없었어. 그러니 소현 세자가 청나라를 좋게 말하는 것이 달가울 리 없었지.

그래서 어떻게 되었는지 아니? 소현 세자는 조선에 돌아온 지 겨우 두 달 만에 갑자기 세상을 떠난단다. 건강하던 세자가 갑자기 죽었으니 궁궐이 시끄러워졌지. 인조 임금님이 죽였다는 이야기도 있고 세자가 병으로 죽었다는 이야기도 있지만, 진짜 무슨 일로 그렇게 된 것인지는 지금도 알 수 없단다.

세자빈 강씨 또한 소현 세자가 죽은 지 얼마 되지 않아 죽었단다. 인조 임금님을 죽이려 했다는 누명을 쓰고서 말이야. 사실 강씨는 아무런 죄가 없었어. 나중에 숙종 임금님은 강씨는 억울하게 죽은 거라는 사실을 인정했지.

난 강씨에게 일어난 일을 생각할 때마다 강씨가 말에 올라탔을 때의 기분이 어땠을까를 생각해 보곤 해.

너희들이 보기엔 그때 강씨의 기분이 어땠을 것 같니?

> **생각하는 역사왕**
> - 청나라는 왜 소현 세자 일행을 중국에 데려가려 했을까?
> - 인조 임금님은 왜 세자빈 강씨를 죽였을까?

네 번째 이야기

말 보고 감탄한 괴짜 선비 이야기

조선

너희들 혹시 '똥 보고 감탄한 괴짜 선비' 기억하니?
혹시 잊어버렸을 친구들을 위해 다시 말하자면
그 선비의 이름은 바로 박지원이야.
그는 중국에 여행 갔다가 똥을 보고 감탄했지.
그런데 박지원은 중국에서 똥만 보고 감탄한 게 아니야.
가는 곳마다 입을 벌리고 감탄을 했지.
심지어 말을 보고 감탄하기도 했단다.

박지원 (1737~1805년)
조선의 학자이자 문장가로
『열하일기』가 가장 유명하다.

정철조 (1730~1781년)
박지원의 친구. 지도와
그림 그리기에 뛰어났다.

　박지원이 심양에 도착했을 때 일이야. 아무 생각 없이 숙소 밖으로 나온 박지원은 깜짝 놀라 뒤로 물러났어. 말 수백 마리가 지나가는 중이었거든.
　박지원은 문에 바짝 붙어서 그 광경을 바라보았어.
"말 한번 참 크다!"
　아닌 게 아니라 중국의 말은 참 컸어. 말 등 높이가 박지원의 키보다도 더 높았으니 말이야.
　말이 다 지나갔나 싶어 다시 움직이려는데, 다른 말보다 더 큰 말이 지나갔어. 목동이 탄 말이었어.

목동은 수숫대 하나를 쥐고서 말들의 뒤를 따라갔지. 이제 또 다 지나갔다 싶어 다시 움직이려는데, 이번에는 소 수십 마리가 지나갔어. 그런데 소가 느릿느릿 지나가는 게 아니라 말처럼 씩씩거리며 빠르게 지나가는 거야.

와, 신기하기도 하여라!

마침내 소들도 다 지나갔어. 박지원은 혹시 또 다른 동물이 오나 싶어 두리번두리번 주위를 둘러보았지. 아무것도 없었어. 그제야 안심하고 길가에 발을 살짝 내디뎠지.

그런데 아직 다 끝난 게 아니었어. 이번에는 집집마다 말들을 끌고 나오는 게 아니겠어?

박지원은 다시 뒤로 물러났지. 중국 사람들이 기르는 말들은 많기도 많았어. 한두 마리씩 기르는 게 아니라 수십 마리씩 기르고 있었지.

박지원은 그 말들이 다 지나가기를 기

다녔어. 기다리면서 옛날에 친구랑 했던 농담을 생각했지.

그 친구의 이름은 정철조였어.

박지원은 정철조에게 갑자기 이렇게 말했어.

"수십 년 후에는 머리맡에서 말을 구경하게 될 것이네."

정철조가 피식 웃으며 물었어.

"마구간에서 기르는 말을 머리맡에서 구경하게 될 거라고? 그게 무슨 이상한 소리인가?"

"이상한 소리가 아니라 진짜 그렇게 될 거라고."

"진짜 그렇게 될 거라고?"

박지원은 허허 웃더니 이렇게 설명했어.

"우리나라 말은 옛날에 비해 몸집이 무척 작아졌다네."

"그래서?"

"앞으로도 작아질 것이네."

"그래서?"

"작아지고 또 작아지고, 그렇게 계속 작아지다 보면 머리맡에 둘 정도로 작아질 것이네. 그러면 머리맡에서 말을 기를 수 있지 않겠는가?"

심각하게 듣고 있던 정철조는 껄껄껄 웃고 말았어. 박지원은 농담을 한 거였어. 아무리 말이 작아져도 말을 어떻게 머리맡에서 기르겠어? 그러니까 농담이지.

실컷 웃은 정철조가 웃음을 뚝 그치더니 이렇게 말

했어.

"오랜만에 잘 웃었네. 하지만 우리나라 말이 작은 것은 크나큰 걱정거리라네."

박지원이 고개를 끄덕이며 말했어.

"처음부터 작지는 않았을 거야. 키우는 요령이 없다 보니 점점 작아진 것이지."

정철조가 한숨을 쉬며 말했어.

"그러게 말일세. 이러다가 앞으로 우리나라에서 제대로 큰 말들은 구경하기도 힘들겠어."

박지원이 고개를 끄덕이며 말했어.

"그러게 말일세. 나도 그게 걱정일세."

그렇게 정철조와 나누었던 말들을 떠올리는 사이

에 마침내 말들이 다 지나갔어. 박지원은 다시 밖으로 걸음을 옮기려다 자신이 묵고 있는 숙소 안 마구간을 들여다보았어. 숙소 안 마구간에도 말들이 있었어. 조선 사신들이 타고 온 말들이었지.

그런데 조선에서 타고 온 말들은 너무 작았어. 중국의 말에 비하면 몸집이 절반 정도밖에 되지 않았지. 그것을 본 박지원이 자기도 모르게 한숨을 팍팍 내쉬었었지.

마침 같이 온 사신 하나가 밖으로 나오다가 한숨을 팍팍 내쉬는 박지원의 모습을 보았어.

그런 박지원의 모습이 이상했는지 사신이 질문을

했어.

"뭘 그리 심각한 얼굴을 하고 있소?"

사신을 본 박지원이 껄껄 웃더니 이렇게 말했어.

"여기 이 말들이 날 웃겼다 심각하게 했다 하는구려. 그렇지 않소?"

사신은 박지원이 한 말에 어리둥절해서 다시 질문했어.

"도대체 무슨 소리를 하는 거요?"

하지만 사신은 답을 들을 수 없었지. 왜냐하면 박지원은 엉뚱한 말 한마디 던져 놓고는 벌써 휑하니 밖으로 사라졌거든.

혼자 남은 사신은 말들을 보며 중얼거렸어.

"말들이 사람을 웃겼다 심각하게 했다 한다고? 도

대체 이게 무슨 소리야?"

 사신은 박지원이 한 말이 무슨 뜻인지 몰랐어. 하지만 너희들은 그 말의 뜻을 알 수 있겠지? 이게 말 보고 감탄한 괴짜 선비의 이야기란다.

> **이야기 속 역사 읽기**

왜 중국의 말은 크고 조선의 말은 작았을까?

> 우리나라 목장 중에서 큰 곳은 제주도 한 곳이다. 원나라 때 들어온 종자인데 사오백 년 동안 바꾸지 않았다. 원래는 우수한 말이었는데 작은 조랑말이 되고 말았다.
>
> 『열하일기』 중에서

박지원은 중국에 다녀와서 보고 듣고 느낀 것을 정리해 『열하일기』를 썼지. 그리고 이 『열하일기』에서 말에 관해 굉장히 길게 쓰고 있단다. 그 이유를 박지원 스스로 이렇게 밝히고 있어.

내가 연암협을 골라 살게 된 까닭은 일찍부터 목축에 뜻을 두었기 때문이다. 연암협은 물과 풀이 좋아서 소나 말 등을 키우기에 좋았다. 우리나라가 가난한 까닭은 목축에 요령이 없기 때문이다.

위의 글에서도 알 수 있듯 박지원은 잘사는 일에 관심이 무척 많았어. 그러다 보니 말에 대해서도 아는 것이 많았지. 중국에서 말을 보고 깊은 생각에 잠겼던 이유이기도 해.

실용적인 학문을 연구하는 것이 필요해!

박지원은 우리나라 말이 작은 것과 그 작은 말도 숫자가 얼마 되지 않는 것에 대해 굉장히 못마땅하게 여겼어.

박지원은 조선의 말 때문에 생기는 문제점을 조목조목 지적했단다. 그중 두 가지만 살펴보기로 하자.

먼저 박지원은 궁궐을 지키는 장수들도 느림뱅이 조랑말을 타고 있다고 비판했어. 그러다 보니 급한 일이 생겨도 빨리 달릴 수가 없는 일이 자주 생긴다고 했지.

또, 박지원은 말의 숫자가 워낙 적다 보니 높은 관리들도 말을 빌려서 탄다고 비판했어. 그러다 보니 갑자기 임금님이 나들이라도 나서게 되면 관리들이 서로 말을 빌리느라 한바탕 소동이 벌어진다고 했지.

박지원은 이 모든 것이 말을 제대로 관리할 줄 모르기 때문에 벌어지는 일들이라고 했어. 뿐만 아니라 결국엔 양반들이 제대로 일을 하지 않기 때문에 말들에게까지 문제가 생긴다고 했지.

박지원이 실용적인 학문을 추천하는 이유는 뭘까?

이렇게 보면 박지원이 말에 대해 길게 쓴 이유를 알 수 있어. 사실 박지원은 말에 대한 지식을 자랑하려는 게 아니라 조선이라는 나라를 비판하고 싶었던 거야.

양반들이 제대로 일하지 않는 나라 조선, 사람들을 두루두루 잘살게 할 생각은 하지 않고 자기 한 몸 편히 지낼 궁리만

하는 양반들이 권력을 잡은 나라 조선에 대해 쓴 말을 하고 싶었던 거야.

　하지만 조선 양반들은 박지원의 이야기에 별로 귀를 기울이지 않았어. 그러기는커녕 청나라만 좋아한다고 비판만 잔뜩 했지. 결국 박지원의 의견은 그대로 묻히고 말았단다.

생각하는 역사왕

- 조선 양반들이 박지원의 이야기에 귀 기울이지 않은 이유는 무엇일까?

역사 이야기를 좋아하는 아이들만 보는 역사 퀴즈

맞으면 O, 틀리면 X를 써 보아요.

1. 김유신은 젊었을 때 놀기를 좋아했다. ( )

2. 김춘추는 검정말을 죽여서 제사 지냈다. ( )

3. 이성계는 말을 잘 못 탔다. ( )

4. 이성계는 정몽주를 죽이고 싶어 했다. ( )

5. 세자빈 강씨는 어려서부터 말을 탔다. ( )

6. 소현 세자는 청나라에서 죽었다. ( )

7. 박지원은 목축에 뜻이 있었다. ( )

8. 박지원은 청나라의 말을 부러워했다. ( )

정답은 뒤쪽에 있어요.

엄마 아빠도 알고 있을까요?
한번 물어봐요!

 **아직도 역사 공부가 더 하고 싶다면**

1. 김유신이 말의 목을 벤 이야기에는 원래 여인이 등장한다. 그 여인의 이름을 찾아보자.

2. '천고마비'란 사자성어가 있다. 무슨 뜻일까?

3. '사람은 한양으로 보내고 말은 제주로 보내라.'는 속담이 있다. 왜 이런 속담이 생겼을까?

4. 말이 등장하는 역사 속 이야기를 찾아보자. 그리고 그 내용을 적어 보자.

역사 용어 풀이

『고려사』 조선 시대에 세종 때부터 편찬해서 문종 때 완성된, 고려 시대의 역사책이에요.

『삼국사기』 고려 인종 때 김부식이 왕명에 따라 펴낸 역사책이에요. 『삼국유사』와 더불어 우리나라에서 현재 전하는 역사책 중 가장 오래된 역사책이에요.

골품제 신라의 신분 제도로, 신분이 낮은 사람은 아무리 재능이 뛰어나도 높은 벼슬을 할 수 없었어요. 심지어 옷, 집, 수레, 관복도 신분에 따라 달리 갖춰야 했어요.

선죽교 이 당시 다리의 이름은 사실 선지교였어요. 하지만 선죽교라는 이름이 워낙 유명해서 선죽교로 썼어요. 개성시 선죽동에 다리가 남아 있는데, 정몽주의 혈흔이 아직까지도 남아 있다고 해요.

공양왕 이미 고려 왕실을 쥐락펴락하고 있던 이성계가 세운 왕으로, 고려의 마지막 왕이었어요.

심양 청나라 초기에, 청나라의 수도였어요. 그 뒤 청나라는 수도를 북경, 오늘날의 베이징으로 수도를 옮기지요. 북경보다는 심양이 우리나라에 훨씬 가까워요.

박지원 조선 정조 시대의 학자예요. 『웃기고 냄새나는 역사 속 똥오줌 이야기』, 『신기하고 조금은 슬픈 역사 속 낙타 이야기』에 이 사람에 대한 이야기가 나와요.

『심양장계』 조선이 병자호란에 패한 뒤, 소현 세자를 비롯한 사람들이 청나라에 볼모로 가 있는 동안 신하들이 본국에 올린 장계를 모아 엮은 책이에요.

역사 용어가 어렵다고요? 보고 보고 또 보면 역사 용어와 친해질 수 있어요. 역사 용어를 알면 역사 이야기가 한층 더 흥미진진해지지요. 우리 함께 보면 볼수록 재미있는 역사 용어를 살펴볼까요?

『열하일기』 정조 때 박지원이 청나라 황제의 칠순을 축하하기 위해 사절을 따라 다녀오고 나서 쓴 연행 일기예요. 청나라에서 보고들은 문물과 사상을 싣는 한편, 허례허식에 빠진 조선에 대한 비판과 풍자를 담고 있어요.

장계 조선 시대에 왕명을 받고 지방에 나가 있는 신하가 자기가 관리하는 곳에서 생긴 중요한 일들을 왕에게 보고하던 일, 또는 그런 문서를 말합니다. 일종의 보고서라고 할 수 있어요.

종친 왕의 가까운 친척을 말해요. 왕의 형제 중 왕이 되지 못한 적자의 자손들은 4대손까지, 서자의 자손은 3대손까지 종친으로 대우했어요.

항복 병자호란 당시 항복한 곳 이름이 삼전도라서 이를 '삼전도의 굴욕'이라고 합니다. 삼전도는 지금의 잠실 부근으로, 이를 기록한 삼전도비가 세워져 있어요.

화랑 신라의 젊은이들 중 가문이 좋은 사람들은 함께 모여 놀거나 몸을 단련했지요. 이 젊은이들을 화랑이라고 했어요. 훗날 삼국을 통일할 때 화랑들이 큰 힘을 발휘했답니다.

화백 회의 진골 이상의 귀족들이 참여해 국가의 중요한 일을 논의한 회의를 말해요. 화백 회의는 모두가 찬성해야 결정을 내리는 만장일치제로 운영되었어요.

88쪽 역사 퀴즈 정답
1. ○   2. X   3. X
4. X   5. X   6. X
7. ○   8. ○

국립중앙도서관 출판예정도서목록(CIP)

나라의 운명마저 바꾼 역사 속 말 이야기
/ 글 : 설흔 ; 그림 : 홍기한. -- 고양 : 위즈덤하우스, 2015
p. ,   cm. -- (이야기 역사왕 ; 4)
ISBN 978-89-6247-626-2 74900 ￦9500
ISBN 978-89-6247-478-7(세트) 74900

역사[歷史]
911-KDC6   CIP2015018366

나라의 운명마저 바꾼 역사 속 말 이야기

초판 1쇄 인쇄 2015년 7월 20일 | 초판 1쇄 발행 2015년 7월 30일

글 설흔 | **그림** 홍기한
펴낸이 연준혁 | **스콜라 부문대표** 황현숙

스콜라 2부서 편집장 조진희 | **편집1팀** 김민정 | **디자인** 달·리크리에이티브
펴낸곳 ㈜위즈덤하우스 | **출판등록** 2000년 5월 23일 제13-1071호
주소 경기도 고양시 일산동구 정발산로 43-20 센트럴프라자 6층
전화 (031) 936-4000 | **팩스** (031) 903-3891
홈페이지 www.wisdomhouse.co.kr | **전자우편** scola@wisdomhouse.co.kr
스콜라카페 www.cafe.naver.com/scola1

ⓒ 설흔, 2015
ISBN 978-89-6247-626-2 74900 978-89-6247-478-7(세트)

저작권법에 의해 한국 내에서 보호를 받는 저작물이므로 무단 전재와 복제를 금합니다.
이 책 내용의 전부 또는 일부를 이용하려면 반드시 저작권자와 ㈜위즈덤하우스의 동의를 받아야 합니다.
* 잘못된 책은 바꿔 드립니다.   * 책값은 뒤표지에 있습니다.

스콜라는 ㈜위즈덤하우스의 아동·청소년 브랜드입니다.